AF347241

JAKTEN PÅ REGNBÅGSSKATTEN

JAKTEN PÅ REGNBÅGSSKATTEN

ANNIKA VIIASK
MARIA CEDERSLÄTT

www.fb-academy.com

1. Mysteriet i öknen

I den vidsträckta öknen, där gyllene sanddynor sträcker sig mot himlens kant och skapar en dans av ljus och skugga, vandrade kamelerna fritt. Bland dem var Camel.

Han var inte bara en kamel, utan en äventyrare med drömmar större än öknen själv. Hans päls skimrade som spunnet guld under den brännande solen, och hans ögon glittrade med nyfikenhet och värme.

En dag, när Camel stod och blickade ut över det oändliga sandhavet, fångade något hans blick. Ett skimrande sken som liknade färgerna i en regnbåge. Det var ovanligt, då regnbågar var sällsynta i öknen. Men Camel, vars hjärta alltid längtade efter mysterier, kände att det var något speciellt med detta glittrande fenomen.

Just som han skulle bege sig mot det skimrande mysteriet, hörde han skratt och röster. Det var Aisha och Kalid, hans unga vänner från COP28, klimatmötet i Dubai. De hade rest på hans rygg, delat skratt och drömmar, och tillsammans hade de beslutat att bilda en klubb för miljöhjältar.

"Aisha, Kalid, ni kunde inte ha kommit vid en bättre tid!" utbrast Camel. "Följ med mig! Jag tror jag har hittat något fantastiskt, en skatt vid regnbågens slut."

Hans röst var fylld av spänning och förväntan. Camel blev lyrisk och kunde inte dölja sitt pirr i magen och lycka över att de nu var på spåret efter skatten.

Barnen blev så glada att de skulle ut på ett äventyr direkt när de kom fram till Camel. De hade önskat sig ett nytt äventyr, men att det skulle bli verklighet var mer än vad de hade hoppats på.

Trions resa ledde dem bortom Camels vanliga stigar, genom vidsträckta sanddynor och över den varma sanden. Till slut nådde de platsen där regnbågens glimmer täckte marken. Camel böjde sig ner för att undersöka det närmare, hans hjärta bultade snabbt av förtjusning.

Men Kalid, vars röst var mjuk men allvarlig, avslöjade sanningen:

"Det är inte regnbågsglitter, Camel. Det är något annat, något som inte borde vara här i öknen."

Camel tittade upp, hans ögon fyllda av förundran och förvirring. "Men vad kan det vara om det inte är en skatt?"

Aisha, som alltid varit den klokaste av trion, svarade varsamt. "Det är plast, Camel. Ett material som människor har skapat. Plast var något väldigt bra när det uppfanns. Plast är även i dag ett mycket användbart och billigt material. Plast kan vara både tunt, böjbart och är ett starkt och väldigt hållbart material. Plast finns överallt, och det är ett problem om det inte tas om hand och hamnar på fel plats. Det hör inte hemma i naturen. Det kan skada oss och alla andra varelser som kallar öknen sitt hem."

"När plast hamnar i naturen, kan det ta hundratals år att brytas ner. Djur, kan förväxla det med mat. De äter det, blir sjuka, och kan till och med dö. Det är inte bara färgglatt glitter, det är en fara som lurar i vår vackra öken" förklarade Aisha.

Camel kände hur en känsla av ansvar vaknade inom honom.

"Plast..." sa han eftertänksamt. "Vi måste göra något. Vi kan inte låta vår vackra öken dränkas i detta främmande material."

"Tänk om vi kan göra något bra av detta," sa Aisha med hopp i rösten. "Vi kan lära andra om vikten av att ta hand om vår planet."

Vännerna bestämde att de skulle samla in de färgade plastbitar i en skinnsäck som Camel hade med sig, för att därefter lämna plasten till återvinningsstationen.

Barnen berättade för Camel att återvinningsstationer är ställen som tar emot olika miljöfarliga material. Där samlar de all plast som sedan kan återvinnas och användas för att göra nya saker.

Camel och barnen plockade under hela den dagen och de kände sig riktigt nöjda när de såg resultatet av deras ansträngningar, men också trötta då värmen, trots att det var under den svalare perioden på året, värmt på och gjort dem riktigt törstiga.

”Nu har vi verkligen gjort skillnad”, sa Camel och undrade om någon hade hittat något annat än plastbitarna.

Aisha berättade att hon hade hittat en hel plastflaska och hon berättade att de kan lämna den för återvinning på en pantstation. Hon funderade också på om hon inte skulle återvinna den själv och göra ett pennställ av flaskan. För det är något hon saknar på sitt skrivbord hemma i hennes rum.

"Bra tanke!" sa Kalid". Jag tror jag ska göra en rymdraket av plast-flaskan jag hittade och hänga upp den i taket i mitt rum. Tänk så bra att kunna göra någonting nytt från något gammalt!", sa Kalid stolt.

2. Miljöhjältar

I den svalnande eftermiddagen, när solen började dala mot horisonten och kastade långa skuggor över sanddynorna, samlade Aisha, Kalid och Camel de sista bitarna av färgglad plast. Aishas ögon glimmade av eftertanke när hon vände sig mot Kalid.

"Tror du vi tänker likadant just nu?" frågade hon.

Kalid, vars ansikte lystes upp av ett listigt leende, svarade:

"Kanske, vi är ju tvillingar."

De skrattade tillsammans, ett ljudligt, hjärtligt skratt som ekade över öknen.

"Vi har verkligen gjort en insats som miljöhjältar idag," tillade de i kör.

Camel, vars päls nu bar spår av dagens arbete, nickade stolt.

"Visst har vi det. Men det får mig att tänka, är all plast verkligen dålig?"

Med en penna och anteckningsblock i handen, började Aisha skriva ner tankar om plastens för- och nackdelar. Hon berättade för Camel att hon arbetade för skolans tidning och var ivrig att dela deras historia.

"Vi behöver visa andra vad vi har lärt oss," sade hon beslutsamt.

"Och kanske kan du, Camel, bli en del av vår nästa skolpresentation?"

Kalid, som lekte med sin kamera, frågade med ett leende: "Kan jag också vara med på en bild? Jag lovar att inte posera som en fotbollsstjärna den här gången."

Aisha skrattade och svarade: "Absolut, men den här gången är det Camel som är stjärnan."

När de pratade, började Camel drömma om att besöka deras skola.

Han tänkte på hur spännande det skulle vara att dela med sig av sin visdom och sina äventyr med barnen. "Att sprida vårt budskap är lika viktigt som själva städandet," sa han.

"Vi måste lära andra att varje liten handling räknas."

"En dag, när jag var vid det stora, skuggiga trädet nära vattenhålet där jag brukar dricka mitt vatten, såg jag något som gjorde mig ledsen., "sa Camel.

Han berättade för sina vänner Aisha och Kalid:

"Vänner, jag såg en liten ökenfågel som hade trasslat in sig i en gammal plastpåse. Det var svårt för fågeln att komma loss, och det fick mig att tänka."

Camel tittade på sina små vänner med sina stora, snälla ögon och sa: "Vi måste hjälpa till att hålla vår öken ren och fin, så att alla djuren här kan vara glada och säkra. Inte bara här i öknen, men överallt i vår stora, vackra värld."

Aisha och Kalid nickade. De visste att Camel hade rätt. De ville också hjälpa till att hålla naturen ren så att alla djur kunde vara lyckliga och friska.

"Vet ni vad, nästa gång ni kommer hit har jag en spännande plan!" sa Camel med ett leende. "Vi ska resa till havet!"

Aisha och Kalid blev väldigt överraskade och glada.

"Till havet?" utropade de glatt.

"Japp," svarade Camel med ett nick. "I havet bor en vän till mig, en mycket klok och gammal havssköldpadda. Hon har levt i havet så länge och vet så mycket. Hon om någon kan berätta för oss om hur plast som hamnar i vattnet påverkar hennes hem och alla som bor där."

Camel tog ett djupt andetag och fortsatte, "Plasten hör inte hemma i öknen eller havet. Den kan skada fiskarna, fåglarna och min vän, havssköldpaddan. De kan fastna i plasten, eller äta den av misstag, och det är inte bra alls."

Aisha strök Camel över nacken och sa: "Vi vill hjälpa till! Vi kan lyssna på havssköldpaddan och sedan berätta för alla hur vi kan skydda havet."

Camels ögon lyste av glädje. "Det låter som en underbar idé! Vi kan lära oss massor och hjälpa till att ta hand om vår vackra jord."

Barnen hoppade upp och ner av förtjusning. De längtade redan nu efter att få träffa den kloka havssköldpaddan och lära sig hur de kunde göra för att hjälpa havet att förbli rent och friskt.

"Låt oss ta med allt vi samlat till återvinningsstationen innan det blir mörkt," sa Aisha. De tre vännerna, nu förenade i ett gemensamt mål, började sin resa mot miljöstationen, redo att göra en ännu större skillnad i världen.

3. Camel, Aisha och Kalid på återvinningsstationen

Efter deras spännande äventyr i öknen, där de samlat upp skimrande plast, var Camel och hans vänner Aisha och Kalid på väg till återvinningsstationen. Camel, med en stor säck full av färgglad plast på ryggen, kände hur tung den hade blivit.

"Oj, det är tungt med all denna plast!" utbrast han.

”Det är konstigt hur något så lätt kan bli så tungt när det är mycket av det!" sa Kalid.

Camel skrattade och sa: "Ja, det är därför vi måste se till att det kommer till rätt plats!"

När de närmade sig återvinningsstationen, sa Camel med ett glatt leende: "Håll utkik, barn! Folk kanske inte är vana vid att se en pratande kamel som hjälper till med återvinning!"

Aisha och Kalid tittade runt och skrattade när de såg att kusten var klar. De började försiktigt lägga all plast de samlat i stora, färgglada behållare.

"Nu tar vi en fin bild för skoltidningen," sa Aisha och tog fram sin kamera. "Le stort, Kalid och Camel!" De ställde sig bredvid varandra och log mot kameran.

Medan de arbetade, pratade Aisha om sitt nästa projekt. "Jag ska skriva om hur vi alla kan vara miljöhjältar genom att återvinna plast, precis som vi gör idag!" sa hon entusiastiskt.

Camel nickade stolt och sa: "Det är ett viktigt budskap. Genom att lära andra barn att återvinna, kan vi alla hjälpa vår planet."

Han tittade på de tomma plastflaskorna de samlat och sa: "Nästa gång vill jag följa med till pantmaskinen. Det låter som ett nytt äventyr!"

"Vi gör det!" sa Aisha. "Men vi får se upp så de vuxna inte blir förvånade av en kamel vid pantmaskinen!"

Efter en dag fylld av skratt, lärande och miljöhjältedåd, stod Camel, Aisha och Kalid vid vägskälet där deras vägar skildes åt. De vinkade, skrattade och var glada över allt de hade lärt sig.

Solens strålar började dämpas, och skuggorna sträckte sig längre över marken.

"Kom ihåg," sa Camel medan han vinkade tillbaka, "nästa gång vi ses, ska vi ge oss ut på ännu ett äventyr! Vi ska till havet och träffa min vän Naima, den kloka havssköldpaddan!"

Medan Aisha och Kalid vandrade hemåt, pratade de ivrigt om allt de skulle upptäcka vid havet. De föreställde sig vågorna som skvalpade mot stranden och de hemligheter som havet dolde.

Men när kvällen sänkte sig och de första stjärnorna blinkade fram på himlen, sa Aisha plötsligt; "Tänk om vi kan göra något riktigt stort för att hjälpa havssköldpaddan och hela havet?"

Kalid såg fundersamt på henne och svarade, "Det blir ett äventyr vi aldrig kommer att glömma!"

Ovetande om de utmaningar och upptäckter som väntade dem, var Aisha och Kalid fulla av förväntan.

Och så, med steg fyllda av förväntan och hjärtan fyllda av drömmar, började de planera för sitt nästa stora äventyr. Ett äventyr vid havet, där de skulle stå inför sitt kanske största uppdrag hittills. Vad som väntar dem där, bland vågor och vindar, det är en berättelse som väntar på att bli berättad... en annan dag.

4. Lär dig mer om plast

Fakta om plast

Föreställ er en värld där allting kan vara mjukt och flexibelt eller hårt och robust. Välkommen till plastens fantastiska värld! Plast förvandlas till otaliga saker, från lekfulla leksaker som sprider glädje till behållare och påsar som håller våra smörgåsar färska.

Men, vet ni, plast bär på en hemlighet. Naturen behöver nästan 500 år för att bryta ner plast till det osynliga. En plastsked kan ligga kvar i naturen länge efter att vi använt den. Och om plast hamnar utomhus kan små djur missta den för mat, vilket är skadligt för dem.

Nu till den spännande delen – vad vi kan göra! När vi använder plastprodukter bör vi fundera på vart de tar vägen efteråt. Istället för att slänga dem, kan vi föra dem till en magisk plats – återvinningsstationen, där gammal plast får nytt liv!

Har ni hört talas om PET-flaskor? De där mjuka flaskorna som ofta innehåller saft eller vatten. När de är tomma kan de transformeras. Genom pantning blir de återigen till nya flaskor. Fantastiskt, eller hur?

Och det finns mer! Vi kan vara kreativa med plast. Innan vi lämnar den till återvinningen, kan vi skapa roliga saker, som en självvattnande blomkruka eller ett färgstarkt konstverk!

Varje gång vi återvinner plast, gör vi något underbart för vår vackra planet. Om vi alla hjälps åt, även med små steg, kan vi göra stor skillnad. Det är så vi blir miljöhjältar!

Plast har sina fördelar – det är ett mångsidigt och billigt material, användbart för att skapa allt från leksaker till förpackningar. Det kan vara allt från tunn och flexibel till stark och hållbar. Plast finns överallt i vår vardag och bidrar till att skydda saker och förlänger matens hållbarhet.

Men plast har också sina nackdelar. Den bryts ner långsamt och kan ta nästan 500 år att försvinna, vilket är en enorm tidsperiod. Det är därför kritiskt viktigt att återvinna och återanvända plast. När den hamnar i naturen skadar den miljön och de djur som lever där.

Vi kan agera genom att ständigt påminna varandra om vikten av att återvinna plast på rätt sätt. Detta kan enkelt integreras i vardagsrutiner, som att lämna PET-flaskor för pantning när vi ändå är ute och kör, exempelvis till mataffären. Genom att stoppa tomma flaskor i pantmaskinen bidrar vi till att de blir till nya flaskor, vilket minskar behovet av ny plast.

Innan vi återvinner, kan vi också återanvända flaskor genom att skapa självvattnare för våra växter eller tillverka konstverk. Dessa aktiviteter kan bli roliga projekt hemma eller i skolan.

När vi återvinner plast minskar även vårt lands behov av att köpa ny plast, vilket sparar pengar. Det kanske inte känns lika relevant för barn, men det är en viktig aspekt för vuxna. Genom att använda plast på rätt sätt, och välja alternativa material när det är möjligt, kan vi alla bidra till att bli miljöhjältar.

En liten förändring kan verka obetydlig, men om vi alla gör dessa små förändringar tillsammans, blir effekten betydande. Det gäller speciellt när det kommer till att skydda vår miljö.

All illustrations made by Maria Cederslätt

OM FÖRFATTARNA

Annika Viiask

Annika är utbildad lärare och har varit yrkesverksam i nästan 30 år. Hon har arbetat med barn i olika åldrar, inklusive barn med särskilda behov. Annika har ett starkt engagemang för miljöfrågor och har varit huvudansvarig för skolans miljöarbete i 20 år.

Maria Cederslätt

Maria har en bakgrund inom utbildning och barnomsorg sedan mer än 30 år. Maria är en skicklig illustratör med en stark passion för miljöfrågor. Hon ger liv i berättelserna genom sin livfulla och effektfulla konst och har skapat alla illustrationer till sagorna.

FB ACADEMY

Vårt uppdrag fungerar som en källa till optimism och konkret förändring. Vi är inte bara engagerade i hållbar utveckling som en abstrakt idé, utan som en konkret färdplan mot en bättre framtid.

Utbildning, kunskap och lärande är dock grunden för all utveckling. Vår metodik baseras på vetenskap och beprövade metoder i kombination med den senaste digitala teknologin.

Besök http://www.fb-academy.com för inspiration och mer information om vår utbildningsplattform.